SOCIÉTÉS PAR ACTIONS

EXAMEN

DU

PROJET DE LOI ADOPTÉ PAR LE SÉNAT

ET SOUMIS A LA CHAMBRE DES DÉPUTÉS

ANGERS

IMPRIMERIE-LIBRAIRIE GERMAIN ET G. GRASSIN

RUE SAINT-LAUD

1886

CHAMBRE DE COMMERCE DE MAINE-ET-LOIRE

SOCIÉTÉS PAR ACTIONS

EXAMEN

DU

PROJET DE LOI ADOPTÉ PAR LE SÉNAT

ET SOUMIS A LA CHAMBRE DES DÉPUTÉS

ANGERS

IMPRIMERIE-LIBRAIRIE GERMAIN ET G. GRASSIN

RUE SAINT-LAUD

—

1886

Le projet de loi, adopté par le Sénat le 24 novembre 1884 et déposé sur le bureau de la Chambre des Députés le 26 novembre 1885, est destiné à modifier la loi du 24 juillet 1867. Il paraît avoir pour objet principal, non de restreindre le vrai principe de liberté, dont la loi de 1867 a fait l'application, en permettant aux Sociétés anonymes de se créer désormais sans l'autorisation arbitraire du Gouvernement, mais de favoriser et faciliter, au contraire, l'application de ce principe de liberté en cherchant à protéger, d'une manière plus efficace que ne le faisait la loi de 1867, les membres et les créanciers des Sociétés contre la fraude, la mauvaise foi ou l'insouciance des fondateurs et administrateurs de ces Sociétés. Ce but est assurément légitime et louable en tant que la loi ne renferme que des prescriptions utiles à tous, claires et précises, n'enchaînant la liberté de personne, n'entravant aucun droit et ne pouvant jamais paralyser le bon vouloir et l'activité des hommes honnêtes et intelligents.

Malheureusement, dans une grande partie des prescriptions que renferme le projet de loi, ses auteurs ne se sont pas tenus à ces larges et simples règles. Visant un grand nombre de cas particuliers, sans voir qu'ils en omettaient forcément un plus grand nombre encore, ils ne se sont pas préoccupés de savoir si l'équité ne pourrait pas être souvent froissée par leurs prescriptions, et ils ont encombré leurs articles de dispositions compliquées, dont l'application non seulement sera fort difficile, mais pourra devenir aussi, dans certains cas, souverainement injuste.

L'attention de la Chambre de Commerce d'Angers s'est portée principalement sur l'examen des quatre natures de prescriptions suivantes :

1° Celles relatives aux mesures, précautions et formalités, qui doivent utilement et nécessairement accompagner la constitution et l'administration des Sociétés anonymes ;

2° Celles relatives aux cas de nullité qui peuvent résulter pour une Société, en apparence constituée, de l'inobservation de ces règles obligatoires ;

3° Celles relatives aux pénalités, qui doivent frapper les hommes coupables de n'avoir pas observé ces règles ;

4° Celles, enfin, qui concernent les Sociétés étrangères.

Les dispositions, relatives à la formation des Sociétés, contenues dans les art. 1, 2, 3, 4, qui reproduisent et complètent celles de la loi de 1867, nous paraissent être excellentes. Elles maintiennent au chiffre de *sept* le nombre de personnes exigé pour la constitution d'une Société anonyme ; elles permettent, lorsque le capital n'excède pas 100,000 fr., de diviser ce capital en actions de 50 francs. Nous n'approuvons, toutefois, cette dernière disposition, que sous la condition que *ces actions de 50 francs soient entièrement libérées au moment de leur émission,* et ceci dans l'intérêt des petites Sociétés dont il s'agit, comme dans l'intérêt des souscripteurs peu fortunés de leurs actions.

Nous donnons une approbation sans réserve aux dispositions toutes nouvelles des art. 5 et 6, qui interdisent la négociation et la cession d'actions avant la constitution définitive de la Société et qui ordonnent que les actions restent nominatives jusqu'à leur entière libération, en affranchissant, toutefois, de la responsabilité des versements non effectués le souscripteur et le porteur intermédiaire, lorsqu'ils ont aliéné leur titre depuis plus de deux ans.

Quant à l'autre délai de deux ans, stipulé dans l'art. 7, avant lequel les propriétaires d'actions, représentées par des apports, mais entièrement libérées, ne pourraient détacher ces actions de la souche et les négocier, nous trouvons ce *délai* trop long et nous exprimons le vœu qu'il soit *réduit à un an.* Cet espace de temps est, en général, suffisant pour permettre de reconnaître la fraude. Si le délai de deux années était maintenu, nous craindrions que, dans un grand nombre de cas, les propriétaires de ces apports en nature, qui auraient besoin d'argent, n'exigeassent d'être payés en argent plutôt qu'en actions, ce qui, à aucun point de vue, aussi bien dans le cas d'un apport loyal que dans celui d'un apport frauduleux, ne serait favorable à la formation de la Société. Les résultats, obtenus par le maintien d'un délai aussi long, pourraient être absolument contraires au but poursuivi.

Nous ne pouvons qu'approuver les stipulations de l'art. 8, qui exige que les actions aient touché un intérêt de 5 0/0 du montant de leurs capitaux avant toute répartition de parts de bénéfices aux titres cessibles et négociables, qui représentent seulement des avantages consentis à des fondateurs ou à toute autre personne.

En ce qui concerne les *trois experts*, auxquels l'art. 9 confie éventuellement la *mission d'apprécier l'exactitude et la sincérité* des déclarations des fondateurs, et que ledit article donne seulement la faculté de nommer à l'assemblée générale, lorsqu'elle est réunie, et lorsque le quart des actionnaires en a fait la demande, la Chambre de Commerce d'Angers estime que leur *nomination doit être obligatoire ;* qu'elle doit toujours être faite par le Président du Tribunal de Commerce, à la diligence des fondateurs, *et ce, préalablement à la réunion de l'assemblée générale, convoquée pour recevoir connaissance de la souscription de la totalité du capital social et du versement du quart du capital.* Si la nomination de ces experts restait facultative pour les actionnaires, cette faculté serait illusoire et ne s'exercerait jamais, attendu que la demande de nomination d'experts équivaudrait, de la part des actionnaires, à une déclaration de méfiance contre les fondateurs, dans un moment où ces actionnaires viennent d'entrer volontairement dans la Société et n'ont pu avoir encore l'occasion de reconnaître ni même de soupçonner l'indignité des fondateurs.

Les précautions prises par les articles 10, 11, 12,

13 pour protéger les actionnaires contre le dol, la fraude ou l'erreur, auxquels peuvent donner lieu les apports en nature, sont suffisantes et bien justifiées.

Les nominations des administrateurs et des commissaires et les obligations qui sont imposées aux uns et aux autres par les articles 15, 16, 17, ne nous semblent mériter aucune critique sérieuse.

C'est avec raison que les administrateurs doivent être pris parmi les actionnaires, c'est-à-dire parmi ceux qui sont personnellement intéressés au succès de l'entreprise ; qu'ils ne peuvent, par conséquent, l'être parmi les gens qui ne seraient choisis qu'en raison d'un nom ou d'un titre de nature à inspirer une fausse confiance au public ; et c'est avec raison aussi que le projet de loi exige que les administrateurs choisis soient toujours révocables.

Nous donnons notre complète adhésion à la réglementation de la tenue et des droits des assemblées générales contenue dans les articles 18, 19, 20, 21, 22, 23, 24, 25. Nous ne partageons nullement l'avis des Chambres de Commerce qui ont blâmé l'interdiction faite par lesdits articles à ces assemblées de modifier les Statuts, d'augmenter ou de diminuer le chiffre du capital social, de prolonger ou de réduire la durée de la Société, de changer la quotité de la perte qui rend la dissolution obligatoire, de décider la fusion avec une autre société, ou de modifier le partage des bénéfices. Toutes ces modifications, comme toutes autres modifications aux Statuts, à moins qu'elles n'aient été prévues dans ces Statuts, étant contraires aux termes de la convention première, ne doivent pas plus être modifiées sans le concours et le consentement de toutes les parties contractantes que ne le saurait être l'objet essentiel de la Société. Or, il n'arrive jamais, ou presque jamais, que, dans une assemblée générale, tous les actionnaires soient présents ou dûment représentés ; si par hasard ils le sont, la majorité d'entre eux suffit pour rendre les décisions de l'assemblée valables ; l'unanimité n'est et ne peut y être exigée pour donner une issue aux délibérations.

Le service des intérêts des actions, à raison de 5 0/0 l'an, même en l'absence de bénéfices, est autorisé pendant la période de premier établissement par les art. 29 et 30, pourvu que le terme de cette période ait été fixé à l'avance par les statuts. Bien qu'il nous semble fort difficile de déterminer à l'avance, dans les statuts d'une entreprise industrielle, quelle sera la durée de la période de premier établissement, nous ne trouvons pas le moyen de modifier utilement cette disposition du projet, et nous pensons que les avantages qu'elle présente l'emportent sur les inconvénients possibles.

L'art. 31 tranche une question sur laquelle la jurisprudence avait présenté des variations inattendues. Il stipule que, dans le cas où les Sociétés auront continué à payer par erreur les intérêts ou même les dividendes d'actions ou d'obligations, devenues remboursables par suite d'un tirage au sort, elles ne pourront répéter ces sommes lorsque le titre sera présenté au remboursement. Cette stipulation est parfaitement juste en ce qui concerne les intérêts, puisque le détenteur du titre ne peut être privé des intérêts jusqu'à ce qu'il ait recouvré son capital, et que la Société, en conservant entre ses mains un capital toujours productif, a profité desdits intérêts, dont elle doit le montant au propriétaire du capital. Nous avions nous-mêmes l'intention de réclamer l'insertion de cette clause dans la loi, si nous ne l'y avions trouvée formulée.

Mais si nous trouvons équitable et conforme au droit des propriétaires de titres que la Société ne puisse répéter les intérêts qu'elle a continué à payer ainsi pas erreur, nous trouverions injuste et contraire au droit des autres actionnaires qu'il en fût de même pour les dividendes. A partir du jour du tirage au sort d'une action, les dividendes, qui, en l'absence de ce tirage, auraient été affectés à ladite action, appartiennent aux actions non sorties de l'urne ; ils ne peuvent plus être en aucune manière répartis aux actions qui ont été désignées par le sort pour être désormais exclues de leur répartition.

Si le possesseur de ces dernières a continué à recevoir des dividendes, il les a reçus sans aucun droit ; et si leur restitution pouvait lui causer un préjudice quelconque, parce qu'il en avait fait emploi, le remboursement du capital, sur lequel il ne comptait pas, annulerait ce préjudice, en lui fournissant les fonds nécessaires pour restituer à la Société le montant des dividendes indûment reçus.

Nous demandons, par conséquent, que le *mot dividendes soit rayé* de l'art. 31, et que les *Sociétés qui ne distinguent pas les intérêts des dividendes dans leurs répartitions aient le droit de répéter les sommes excédant cinq pour cent du capital.*

Il faut assurément louer beaucoup l'interdiction faite aux Sociétés d'acheter leurs propres actions, sauf pour un amortissement prévu par les statuts ou en vue d'une réduction du capital social ; car cette disposition, introduite dans la loi par l'art. 33, s'opposera, désormais, aux agissements, pleins de dangers pour leurs Sociétés, de ces administrateurs qui, par des achats ou des ventes de leurs actions, et par des manœuvres dolosives, faisaient hausser ou baisser le cours de ces actions à leur gré.

La responsabilité, qui incombe aux administrateurs, est déterminée par les termes de l'art. 36 de la manière la plus équitable.

L'art. 38 impose à ces administrateurs, seulement dans le cas de la perte des trois quarts du capital, l'obligation de *réunir l'Assemblée générale des actionnaires,* pour *statuer sur la question de savoir s'il y a lieu de prononcer la dissolution de la Société.* Il serait bien préférable de ne pas attendre, pour consulter les actionnaires sur cette grave question, qu'une aussi forte partie du capital ait été perdue, et il serait plus conforme aux intérêts de tous les membres de la Société comme à ceux des créanciers, que *ladite obligation fût imposée aux administrateurs dès que la moitié du capital serait consommée,* ainsi que, d'ailleurs, la clause en est inscrite dans les statuts d'un grand nombre de Sociétés.

Les dispositions toutes nouvelles, concernant les

obligations, qui ont été introduites dans le projet de loi, ne nous paraissent être *ni utiles ni praticables.* La *faculté* donnée *aux porteurs* d'obligations *de se réunir* entre eux en quelque nombre que ce soit et de nommer des mandataires est une faculté, *ou vaine* si elle existe en droit commun pour l'objet qui doit être celui de la réunion, *ou dangereuse* si elle doit conduire les mandataires ou commissaires, nom que leur donne le projet, à intervenir dans les actes des gérants ou administrateurs. Le projet a bien le soin de stipuler, il est vrai, que ces commissaires ne pourront s'immiscer dans la gestion des affaires sociales ; mais, en leur donnant en même temps le *droit d'assister à toutes les assemblées générales* des actionnaires, il omet de dire ce qu'ils y feront. L'art. 83 semble, toutefois, bien dire que le rôle de ces mandataires ou commissaires *consistera seulement à provoquer des actes relatifs aux sûretés* particulières, telles que privilèges, hypothèques ou autres causes de préférence, qui doivent appartenir aux porteurs d'obligations ; mais *le droit* de se réunir pour nommer de tels mandataires *n'a pas besoin d'être inscrit dans une loi nouvelle ; il existe* et appartient toujours à des obligataires comme à tous autres créanciers dans le cas où les sûretés, qui leur ont été promises, n'ont pas été réalisées.

Avec l'art. 40, le projet de loi aborde le second ordre de prescriptions, dont nous avons parlé en commençant, celui des prescriptions qui établissent les causes pour lesquelles une société constituée doit être déclarée nulle et de nul effet à l'égard des intéressés. Ces causes résident dans l'inobservation de nombreuses dispositions contenues dans neuf articles de la loi. Nous ne considérons comme juste et utile de prononcer la nullité d'une société pour inobservation de dispositions de la loi que lorsque ces dispositions ont un caractère fondamental, tel que celui des articles 2 et 3, qui fixent pour les sociétés anonymes le minimum du nombre des associés et le minimum du chiffre des actions, ou lorsqu'elles intéressent l'ordre public et la morale, telle qu'est l'interdiction contenue dans l'art. 5, de négocier ou céder des actions avant la constitution définitive de la Société. Mais *lorsque les prescriptions inobservées, telles que celles édictées dans les articles 9, 10, 11, 13, 14, 15, consistent dans des omissions qui peuvent être réparées par la convocation d'une assemblée générale ou par tout autre moyen, il n'y a ni convenance, ni justice, ni utilité, à déclarer la nullité d'une société par le seul fait de leur inobservation.* Les conséquences, qui résultent de l'annulation d'une société déjà constituée, sont trop graves à l'égard de tous les intéressés pour que la loi prononce légèrement cette annulation sur des motifs qu'il est facile de faire cesser sans dissoudre les liens qui unissent les associés.

Le troisième ordre des prescriptions, qui a, comme les deux précédents, plus particulièrement appelé l'attention de la Chambre de Commerce de Maine-et-Loire, est la série des dispositions pénales qui remplissent les art. 97 à 107. *Ces pénalités* en général, et celles en particulier qui, par les art. 97

et 98, frapperaient de la peine d'un emprisonnement, pouvant atteindre une durée de deux
années, le fait d'avoir, par erreur, contrevenu aux
règles établies soit pour la constitution d'une
Société, soit pour l'émission et la négociation de
ses actions, *sont excessives.* Elles seraient *odieuses
dans un grand nombre de cas,* si elles étaient appli-
quées. Elles *nuiront beaucoup,* si elles sont main-
tenues dans la loi, *au recrutement d'administrateurs
honorables.*

L'emprisonnement est une peine infamante qui
ne doit être prononcée *que contre l'homme* de mauvaise foi, *qui n'a contrevenu aux prescriptions de la
loi que dans une intention frauduleuse.* Or, dans ce
cas, le Code pénal suffit à faire punir la fraude sous
quelque forme qu'elle se produise. Les amendes
elles-mêmes, que prescrivent ces mêmes articles et
les suivants, sont également exagérées et excessives.
*La responsabilité civile, que les administrateurs et
commissaires encourent, pour réparer le dommage
que leur négligence peut avoir causé, est assez forte
pour qu'il n'y soit ajouté aucune forte pénalité.*

Il nous reste à faire connaître l'avis de la Chambre
de Commerce au sujet du Titre VII, relatif aux
Sociétés étrangères. Nous croyons que c'est mal
comprendre les intérêts de nos nationaux que de
vouloir faire peser sur ces Sociétés, comme le fait le
projet de loi, de nombreuses formalités, qui ne sont
pas exigées des Sociétés françaises et qui ne peuvent
qu'entraver le mouvement commercial et industriel
en France. *La loi,* suivant l'avis de la Chambre,

devra se borner uniquement, *à l'égard des Sociétés étrangères, à réserver la question de la réciprocité nationale et à soumettre leur établissement en France et l'émission de leurs actions et obligations sur nos marchés* non seulement *aux règles qui régissent les Sociétés françaises*, mais en outre *à des autorisations administratives.*

En résumé, les modifications que la Chambre de Commerce de Maine-et-Loire demande aux législateurs de vouloir bien apporter au projet voté par le Sénat, sont les suivantes :

1° Introduire dans l'art. 5 du projet de loi l'obligation pour les actions de 50 francs d'être entièrement libérées au moment de leur émission.

2° Réduire à un an le délai de deux ans avant lequel, d'après la stipulation de l'art. 7, les actions représentant les apports en nature et libérées en totalité ne pourront être négociées.

3° Rendre obligatoire, préalablement à la convocation de l'assemblée générale, qui doit recevoir connaissance de la souscription de la totalité du capital social et du versement du quart de ce capital, la nomination de trois experts chargés d'apprécier l'exactitude et la sincérité des déclarations des fondateurs, nomination devant être faite par le Président du Tribunal de Commerce à la diligence de ces fondateurs, tandis que l'art. 9 du projet ne rend cette nomination obligatoire que lorsque l'assemblée générale est déjà réunie et lorsque le quart des actionnaires présents à la réunion en a fait la demande.

4° Introduire dans l'art. 31 une disposition qui permette aux Sociétés de répéter les dividendes, indûment payés au porteur d'une action depuis que cette action est tombée au sort pour être remboursée ; et stipuler que les Sociétés, qui ne distinguent pas les intérêts des dividendes, n'auront, dans ce cas, le droit de répéter que les sommes excédant cinq pour cent du capital.

5° Réduire, dans l'art. 38, à la moitié du capital au lieu des trois quarts, la quotité de la perte qui oblige les administrateurs à réunir l'Assemblée générale des actionnaires, pour statuer sur la question de savoir s'il y a lieu de provoquer la dissolution de la Société.

6° Retrancher entièrement du projet de loi le Titre V concernant les Obligations, et contenant les art. 75 à 87, ou tout au moins, supprimer le droit pour les Commissaires délégués par les porteurs d'obligations, d'assister à toutes les Assemblées générales des actionnaires.

7° Modifier l'art. 40 en ce sens, que l'inobservation de prescriptions, telles que celles édictées par les art. 9, 10, 11, 13, 14, 15, qui peut être facilement réparée par la convocation d'une assemblée générale ou par tout autre moyen ne donne pas lieu à l'annulation d'une Société déjà constituée.

8° Supprimer, des art. 97 à 107, les pénalités, telles que l'emprisonnement et l'amende, qui frappent le simple fait d'avoir, par erreur, contrevenu aux règles établies pour la constitution d'une Société, ou pour l'émission et la négociation de ses actions. Ne maintenir ces pénalités que contre l'homme de mauvaise foi, qui n'a contrevenu à ces règles que dans une intention frauduleuse.

9° Se borner, dans l'art. 7, relatif aux Sociétés étrangères, à réserver la réciprocité nationale et à soumettre l'établissement de ces Sociétés en France, ainsi que l'émission de leurs actions et obligations, aux règles qui régissent les Sociétés françaises et les soumettre également à des autorisations administratives.

La Chambre de Commerce, après avoir entendu lecture de ce rapport, déclare en adopter les termes.

Ce 31 Mars 1886.

Pour la Chambre de Commerce,

Le Rapporteur,

MAX-RICHARD

Vice-Président.

Angers, imp. Germain et G. Grassin — 1399-86.

www.ingramcontent.com/pod-product-compliance
Lightning Source LLC
Chambersburg PA
CBHW050738070726
47597CB00009B/3974